MÉMOIRE

ADRESSÉ

A Son Excellence

LE

MINISTRE DE L'INTÉRIEUR,

PAR

AIMÉE LUCAS.

PARIS,

IMPRIMERIE DE MOQUET ET COMPAGNIE,

RUE DE LA HARPE, 90.

1841

MÉMOIRE

ADRESSÉ

A Son Excellence

LE MINISTRE DE L'INTÉRIEUR.

———————

C'est une dangereuse et pénible tâche que celle que je m'impose aujourd'hui ; et, si je n'avais écouté que les soins de mes intérêts et de ma propre tranquillité, le projet que je médite depuis si long temps, et que j'ai l'honneur de soumettre à Votre Excellence n'aurait certainement jamais vu le jour. Mais je voyais un immense service à rendre à mes semblables ; je voyais des crimes à prévenir, des vices à extirper, des instruments d'émeute à détruire, ... pouvais-je dès lors hésiter, surtout quand des pères de famille, d'honorables citoyens, applaudissant à mes intentions, me fesaient tout espérer et de la sollicitude et de l'indulgence des chefs du gouvernement ? Qu'à défaut d'autre mérite, le mérite de l'intention soit donc mon excuse auprès de vous, monsieur le ministre, et qu'il me soit permis, avant d'en indiquer le remède, de placer sous vos yeux des plaies hideuses qui envahissent incessamment et rongent une si large portion de la société. Hélas! le tableau sera triste et repoussant, je l'avoue; mais ce n'est pas en fuyant l'aspect du mal qu'on peut le guérir.....

...... Osons donc en sonder les profondeurs et en étudier l'origine et les conséquences; pénétrons courageusement dans ces affreux repaires que renferme la capitale. Là, sans doute, nous n'aurons pour clients que des filles publiques et leurs souteneurs, des voleurs et des forçats, cortége permanent des troubles populaires; mais qu'importe? ne serons-nous pas assez récompensés si, au milieu de cette fange, nous trouvons quelques êtres égarés que nous puissions rendre à la société? Notre pensée est ici tout entière : sauver ceux qui peuvent encore être ramenés, et traquer, détruire, avec l'arme légale de la loi, tous ces misérables dont l'incurable perversité sème parmi nous la honte et l'effroi. Cette noble tâche accomplie, nous toucherons à la réalisation de notre système; alors, la paternelle surveillance de nos magistrats élèvera un mur infranchissable entre l'inexpérience et le crime, entre le présent et l'avenir. Plus d'enfants jetés en pâture à la prostitution ; plus de piéges tendus à la misère des pauvres jeunes filles du peuple, elles ! qui n'ont que l'honneur pour dot.... Plus de père de famille déplorant l'influence dangereuse qui, entraînant son fils dans le sentier du vice, le conduit souvent à l'échafaud.

Oui, les maux que nous déplorons sont enfantés par la tolérance illimitée dont jouissent les filles publiques; oui, cette tolérance, nécessaire à certains égards, mais à certains autres dangereuse, peut et doit être circonscrite dans les plus strictes conditions.

Puisque enfin ces maisons de débauche sont, à ce qu'on dit, un besoin de notre état social, tirons-en le moins mauvais parti possible. D'abord, donnons-leur moralement une officialité de honte et d'opprobre qui en défende l'approche trop fréquente aux jeunes gens. Ensuite, exigeons formellement que ce triste commerce ne se fasse que dans des endroits où la police puisse facilement exercer toute son action. Car, hâtons-nous de le dire, le mal gît bien moins dans ces maisons publiques, quelque horriblement qu'elles soient tenues d'ailleurs, que dans ces garnis clandestins, fondés par le calcul de quelques trafiquants avides.

La première réforme à opérer est donc de faire rentrer immédiatement toutes les filles nomades dans les maisons de tolérance. J'entends par filles nomades celles qui régulièrement changent de garni tous les quinze jours, et que leurs souteneurs et les matrones désignent, dans leur étrange langage, sous le nom : de *grandes faiseuses*, d'*habiles travailleuses*.

Voici ce qui arrive : tous les ans, à l'entrée de l'été, les filles publiques en grand nombre quittent leur repaire officiel pour aller se loger dans des chambres meublées dont l'ingénieuse cupidité des marchands fait une espèce de garni moins la charge et les désagréments. Ici, une vente à réméré est simulée, et la fille publique, ainsi placée dans un logement privé, dont cependant le loyer est toujours au nom du marchand, se trouve affranchie de la surveillance de la police, qui ne peut raisonnablement fournir un agent pour chacune d'elles.

Le motif déterminant de cette migration est, pour ces femmes, d'avoir la liberté de passer chaque nuit avec leurs souteneurs et de procurer à celui-ci une existence plus heureuse..... *L'habile travailleuse* se fait un très grand mérite de donner beaucoup d'argent à son souteneur, qui, en revanche, doit lui prêter main-forte :

De tout ceci il résulte des malheurs sans nombre ; en voici les principaux.

Qu'elles soient de Paris ou de la province , ces filles , avant d'être perverties , fréquentaient des femmes honnêtes... Eh bien ! qu'un hasard , (et ce hasard , on le concevra facilement , se présente toujours) leur fasse rencontrer une ancienne amie , une payse , il s'en suit infailliblement une fréquentation nouvelle qui ne manquera pas d'être funeste à celle-ci. En effet , la fille perdue parlera de son heureuse position, étalera sa toilette, ses bijoux, et elle le pourra d'autant mieux, que la *grande faiseuse* a un crédit illimité chez les marchands spéciaux. Enfin , dans un but atroce , elle voudra faire voir son riche mobilier à son innocente amie qui admirera et désirera tout sans se douter de rien. Tôt ou tard la femme pervertie avouera l'origine de ce bien-être ; mais, comme on le pense bien , les choses seront présentées sous le bon côté.... Il sera question d'un mariage retardé par les parents du futur qui appartient à une grande et riche famille ; c'est ce futur qui, en attendant, lui fait du bien. Finalement, des propositions seront faites à la jeune fille qui , lui dira-t-on , a été remarquée par un riche monsieur qui la trouve gentille.... La victime résiste-t-elle ? Alors on lui fait accepter une partie de spectacle ou un dîner *improvisé*, et les pièges et la misère aidant, une enfant candide et pure s'endormira sur le seuil du vice pour aller bientôt se réveiller au fond d'un égoût.

Veut on savoir les motifs qui ont poussé ce monstre à perdre sa malheureuse amie ? Les voici :

Le premier est l'intérêt puissant qu'elles ont à s'entourer de personnes honnêtes , afin de paralyser les rigueurs et la surveillance de la police , et de se donner dans les maisons qu'elles habitent un vernis de bonne conduite, qui les fasse tolérer de leurs voisins. Le second motif a l'argent pour mobile : un vieillard crapuleux , un riche débauché, ne sent s'exhumer un reste de force que sous les caresses impudiques d'une enfant !!!! Il paie fort cher un si indigne service, le respectable vieillard, et le service lui est rendu.... Et, à ce moment, le souteneur de la fille publique est posté dans la rue pour donner l'alerte à la vue d'un inspecteur.

Remarquons, toutefois, que la fille publique ne spécule sur tous les genres d'infamie que pour satisfaire aux exigeantes prodigalités de son amant.

On a vu de quelle utilité celui-ci était dans l'association; nous allons le montrer plus utile encore, et il n'en sera pas moins intéressant.

Par exemple, que *sa femme*, comme il la nomme, soit arrêtée pour quelque infraction aux réglements de la police ; aussitôt nous le voyons à la Préfecture, bravant héroïquement les rebuffades et le mépris de tous les employés, suppliant, avec toute l'éloquence d'un affamé à qui l'on a coupé les vivres ... Daigne-t-on l'écouter ? Il proposera, si on lui promet de relâcher *son innocente amie*, de favoriser l'arrestation d'une femme qui *exerce sans être en carte*.... La proposition est acceptée, et le même soir, une jeune fille, plus malheureuse que coupable, vient remplacer au dépôt celle qui quelques jours auparavant la fit tomber dans le vice....

. . . . Dans le langage de ses semblables, cet individu, par cette louable action, a acquis le nom, je dirai presque le grade, de *recoqueur*...... Puissante recommandation auprès de la police, qui a le tort de se servir de ces misérables-là.

Revenons aux garnis clandestins. Toujours, ou presque toujours dans ces sortes de maisons, la portière est soudoyée ; et, comme la nouvelle locataire lui rapporte plus que toute la maison ensemble, elle devient, sinon la complice, du moins le témoin discret des plus horribles actions. Les voisins murmurent-ils?... C'est elle qui prend soin de réhabiliter la fille publique dont elle raconte les malheurs... Peu à peu les murmures cessent, le mépris est moins profond...... et, l'on s'apitoyait déjà sur le sort de la nouvelle venue, quand un beau matin on apprend que la fille de la portière a été grossir le nombre des filles perdues, et qu'un père ou qu'un fils a quitté une honorable famille pour se livrer en aveugle à la malheureuse qui le perdra.

Et quelles roueries ces femmes ne mettent-elles pas en jeu pour fasciner et exploiter le jeune homme riche qui débute dans les plaisirs sous les tristes auspices de leur expérience! Lettres d'amour, écrites par le souteneur lui-même, désespoir amoureux, jalousies effrénées..... l'habile Messaline possède tous les moyens de persuasion..... Déjà l'on vit maritalement ensemble, car la riche dupe, qui a tout pris au sérieux, ne veut pas que la femme qui lui donne tant de preuves d'amour se livre, pour exister, à un commerce si dégradant;.. les ressources s'épuisent; mais grâces aux fréquentations que sa bien-aimée lui a procurées à dessein, on use du crédit d'un nom honorablement connu dans la magistrature ou dans commerce...... Ce moyen s'épuise à son tour, et nos lois, qui ne veulent voir que le délit ou le crime à punir, abandonnent à l'effervescence de ses passions, aux conseils empoisonnés, un pauvre jeune homme qui va essayer de tous les genres d'escroqueries pour arriver finalement à commettre un faux... La loi punira le crime, sans doute, mais il eût mieux valu le prévenir.

Arrivé à cet état, cet homme, si jeune encore, naguère si riche d'avenir, a été et va devenir un fléau pour la société. Son éducation, ses bonnes manières, lui ont été d'un puissant secours pour escroquer un honnête marchand de meubles, un bijoutier, un tailleur, auxquels il ne paya jamais un seul effet, parce que la loi accorde un bill d'indemnité aux fripons qui ne sont pas dans le commerce;...... à l'avenir il agira le Code à la main, et sous la bannière des *renards* (mot technique) qu'il a connus dans les prisons. D'abord, il aura des *faiseuses habiles*, lui aussi, qui lui feront chacune cinq francs par jour. (Je puis désigner vingt-cinq individus dans cette catégorie). Il hantera les tripots clandestins où le gain le suivra jusqu'à ce que ses supercheries soient découvertes..... Dans les bals publics, dans les spectacles, il cherchera ces pauvres jeunes ouvrières dont les besoins sont en lutte continuelle avec les privations. L'une d'elles fera un pas dans le vice.... et elle y sera entièrement plongée quand la faiseuse de son amant sera arrêtée; car celui-ci est *recoqueur*..... Triste spectacle que celui d'un délit portant profit à celui qui le crée!

Je ne m'étendrai pas plus long-temps sur les malheurs sans nombre qui signalent le passage des filles publiques dans les garnis clandestins. Je tairai les moyens qu'elles emploient pour arracher un honnête ouvrier à son travail et lui faire endosser la livrée ignominieuse de souteneur, pronostic certain d'une livrée plus ignominieuse encore. Mais ce que je ne puis signaler avec trop de force, c'est que les voleurs fréquentent de préférence ces maisons où l'action de la police se fait nécessairement moins sentir. Un vol est-il commis ? ces garnis deviennent alors un lieu de recel et de refuge ; et plus tard, quand ces hôtes dangereux auront acquis une connaissance suffisante des localités, cette même maison, pillée à son tour, sera peut-être témoin d'un assassinat.

En présence de ces faits, malheureusement trop certains, combien vivement se fait sentir le besoin d'une réforme que je viens humblement soumettre à la haute sagesse de l'administration.

C'est à cette réforme, pénible, mais praticable, que j'offre d'apporter le concours de mon expérience. Long-temps, j'ai vu le mal de très près, et je sais comment on en peut tarir la source..... J'ai tout sondé , tout étudié avec la courageuse persévérance d'un homme qui ne voit pas de plus grand bonheur que celui d'être utile à ses semblables. Bien jeune encore , et victime des besoins instinctifs des sens, je pouvais m'écrier, moi aussi: « Tout est perdu for l'honneur... » Et pour l'honneur de la jeunesse je ne crains pas de tout perdre aujourd'hui. Mes rapports commerciaux avec les filles cesseront, je le sais, le jour de la publication de mon livre... Et ce jour-là, aussi, la bande redoutable des souteneurs, des camelots, des marchands de contremarques, des voleurs, des forçats, méditera contre moi quelque atroce vengeance... Je connais ces hommes : je les ai étudiés dans les maisons de prostitutions et dans leurs repaires habituels : en Afrique dans les volontaires parisiens comme au sein des barricades, où je pénétrai plus d'une fois au péril de mes jours... Je sais ce que je dois attendre de ces misérables... C'est une guerre à mort entre eux et moi ; mais qu'importe ? Je vois du bien à faire ; les sympathies de beaucoup d'honorables citoyens, d'honnêtes commerçants, sont acquises à mon œuvre... rien ne pourra m'en détourner.

Si je n'avais suffisamment démontré la nécessité de faire rentrer immédiatement les filles dans les maisons de tolérance, je présenterais une dernière considération, la plus concluante de toutes, celle de l'avantage qu'il y aurait pour la police à être facilement sur la voie des malfaiteurs..... Et qu'on en soit bien convaincu, chaque maison de prostitution deviendra pour ces misérables une souricière où l'odeur du vice les alléchera toujours.

Les maisons existantes ne suffiront plus, il est vrai, à la centralisation des filles nomades; aussi, sera-t-il nécessaire d'abord d'accorder la permission d'en ouvrir de nouvelles ou de désigner dans chaque quartier des garnis qui auront le droit de loger des filles. Ces filles iraient, chaque jour, faire leur métier dans les maisons de tolérance, et il serait enjoint aux maîtres des garnis de veiller attentivement à ce qu'aucun commerce soit apparent, soit clandestin, ne s'exerçât dans leurs maisons.

Si l'administration adoptait cette dernière mesure, il serait sage de défendre aux filles de recevoir d'autres personnes que les marchands et les fournisseurs avec qui elles seraient en relation d'affaires, et qui justifieraient de leur qualité au propriétaire du garni. Cette disposition préviendrait le danger de tout commerce clandestin.

L'individu que chaque fille désignerait d'abord comme son amant en titre pourrait habiter avec elle dans ces garnis. . . . . . Toutefois, pour être reçu, cet individu devrait préalablement déclarer son nom, sa profession, le lieu de son séjour et de sa naissance, et cette déclaration devrait être signée par lui.

Cette tolérance accordée aux amants, aurait pour résultat de nous faire connaître facilement et de tenir constamment sous la main de la police tous ces êtres dont l'existence est enveloppée d'un si terrible mystère.

C'est pour arriver à un semblable résultat qu'il devrait être permis aux filles habitant les maisons de tolérance de donner asile à leurs amants une fois par semaine.

Maintenant, que toute fille qui, de bonne volonté ou de force, four-

nit à son amant des moyens d'existence soit punie de quelques se-
maines de prison. . . . Qu'elles soient également punies, celles qui ne
dénonceraient pas aux commissaires spéciaux les individus qui par de
mauvais traitements ou des menaces voudraient les mettre à contribu-
tion. . . . . Que les maîtresses de maisons soient menacées de la perte
de leurs livres, si elles admettent les amants sans en exiger les forma-
lités que nous avons indiquées pour les garnis. . . . . Qu'une forte
peine leur soit infligée aussi pour avoir favorisé, en les taisant, les
méfaits des souteneurs et de leur maîtresses. . . . . Que les filles, habitant les garnis ou les maisons de tolérance, ne puissent, sous aucun
prétexte, aller passer une seule nuit hors des maisons autorisées, etc.,
etc.

Ces dispositions mises en pratique, nous aurions chaque jour cinq
ou six chefs d'accusation contre les individus que la police a réputés
insaisissables. La guerre, alors, sera entre eux et nous.... nos pièges
seront tendus... et, pour les y amener, nous devons les traquer de
toutes parts.

Comme notre mission n'est pas seulement une mission de ri-
gueur, on aura compris que les rapports fréquents que nous voulons
établir entre nous et les maîtres des garnis et des maisons de tolérance,
nous mettront à même de connaître les premiers pas de ces jeunes
gens qui, pour être sauvés, n'ont besoin que d'entendre à temps une
voix paternelle. Ici la tâche sera douce, et la récompense plus douce
encore. Un citoyen utile conservé à la société, un nom honorable
privé de souillures, une honnête famille sauvée du désespoir, des
crimes conjurés.

Ce que je rêve pour les jeunes gens peut s'appliquer aussi aux jeunes
filles, quelque égarées qu'elles soient. D'abord, ce sont les garnis clan-

destins qui'par leur contact corrupteur pourvoyaient si abondamment les maisons de débauche.... Ces garnis, enfers terrestres, seront supprimés. Puis, c'est la misère qui devient l'agent le plus actif.... eh bien ! n'y a-t-il pas assez de philantropie parmi nous pour venir en aide à la vertu qui succombe malgré elle ? Serait-ce donc une chose bien ruineuse qu'une maison de travail, refuge honorable de la jeune fille dont l'alternative est le vol, la prostitution, ou la mort ?... Manger!.. la femme la plus maladroite est toujours en état de faire assez d'ouvrage pour gagner son pain... Garantissons-lui donc de l'ouvrage... Émettez le désir de fonder une maison semblable, Monsieur le Ministre, appelez les souscripteurs volontaires... notre belle France entendra cet appel.

Ces maisons de travail seraient un noviciat pour les filles égarées qui voudraient rentrer dans la société, et une sauve-garde pour celles qui, à contre cœur, se lançaient dans le vice...

.... Que si des malheureuses, méconnaissant la voix amie des magistrats, voulaient entrer dans le sentier du vice !... eh bien ! que notre surveillance élève autour d'elles une barrière qui préserve la vertu d'un si dangereux contact.

Centralisons, accouplons le vice afin que le mal soit dévoré par le mal.

Je regrette de ne pouvoir dans ce mémoire, qui doit être court pour être lu, je regrette, dis-je, de ne pouvoir présenter tout mon système.... Ce n'est ici que le premier feuillet d'un gros livre qui peut et doit être continué. Mais ce que j'ai dit est suffisant, je crois, pour encourager l'administration à tenter d'indispensables réformes dont la praticabilité n'est pas un doute pour moi.

Centraliser les filles publiques, et conséquemment leurs amants, que je divise en trois catégories, dont la première se compose de sou-

teneurs proprement dits, de marchands de contremarques, de camelots, espéce d'industriels qui sur la place publique attrapent les cha-
lans à l'aide de compéres, les propriétaires des jeux de hasards. Cette
première catégorie fournit des apprentis à la seconde qui comprend
les voleuses, les recéleuses et les voleurs. Dans la troisième nous
trouvons tout ce qu'il y a de plus épouvantable au monde... Ici le
crime est un jeu, un moyen d'existence... le meurtre est passé à
l'état normal de l'industrie, Comme Lacénaire, leur héros, les hommes de cette catégorie essuyent à peine le sang dont leurs mains sont
couvertes pour aller prendre un bon diner, et assistent tranquillement
après leur *travail* à une représentation théâtrale ! ! ! Eh bien ! ces
monstres, dont la conscience est sourde, dont le cœur est exempt de
remords.... ces monstres ont un côté vulnérable... Le jeu, la boisson,
ne sont pour eux que des plaisirs secondaires... Leur maitresse est
leur souverain bien... Attaquons-les donc de ce côté, qu'ils viennent
à la souricière... qu'ils se montrent au grand jour, eux ! qui ont tant
de motifs pour l'éviter...... la police les y attend, et le châtiment avec
elle.... Ils pourront déguiser leur écriture sur les livres des garnis et
des maisons de tolérance... mais on ne déguise pas ainsi son signale-
ment... le fruit du vol viendra aussi fournir des preuves à la police.
Feront-ils meubler des chambres dans les quartiers retirés pour y
amener leurs maitresses?... Mais, quand la fille changera de garni ou
de maison de tolérance, la police exigera qu'elle produise un certificat
qui atteste qu'elle n'a point couché ailleurs que dans son logement
habituel... La contravention sera reconnue et punie, et la crainte
d'un trop sévère châtiment lui fera avouer où et avec qui elle aura ha-
bité... tout cela tournera donc au profit de la société.

En attaquant dans leurs honteux moyens d'existence les individus de la première et de la seconde catégorie, nous les fesons tomber dans les contraventions que nous avons, avec dessein, semées sous leurs pas.... Qu'on facilite à ceux-ci un engagement dans l'armée; l'exemple des volontaires parisiens est bon à citer.... Un égarement n'est pas un crime.... en déplaçant le mal, en changeant les habitudes, on peut facilement rompre avec le passé. Ouvrons une porte à l'espérance, mais ne laissons au mal d'autre issue que celle qui le conduit sous nos coups.

Pour accomplir les bienfaits que promet mon système, il n'est point nécessaire de grever l'administration. Il s'agit simplement de mieux utiliser les instruments qu'elle possède; il s'agit de se pénétrer de cette vérité, que toute mission est noble et méritoire alors qu'elle s'accomplit pour le bien. Certes, la police ne manque pas d'agents zélés et capables... Le respectable M. Régnier a rendu de trop grands services dans la mission qui lui est confiée pour qu'il nous vienne jamais à l'idée de l'accuser.... Mais ce qu'on peut dire, ce qui est, c'est que ses intentions sont mal secondées, c'est que parmi ses agents l'arbitraire remplace l'ordre.

Ah ! si l'on ne veut voir que des crimes à punir, la mission est facile, il n'y a qu'à laisser faire.... mais est-ce là un bienfait ? Arrêtons bien plutôt le glaive de la loi, car chaque coup qu'il frappe annonce des douleurs et des larmes que ne peut apaiser le sang de l'assassin.